AF224120

A LA MÉMOIRE RELIGIEUSE

DE

SON ALTESSE

MADAME

LA PRINCESSE BACIOCCHI.

Par l'Évêque de Vannes.

VANNES

L. GALLES, IMPRIMEUR DE MONSEIGNEUR L'ÉVÊQUE.

—

1869.

Le douloureux événement qui fait l'objet de cet
opuscule, a été rapporté avec détails et commen-
taires. Il ne conviendrait pas que je sortisse des
bornes du ministère que j'eus à remplir le 3 et le
11 février dernier.

Ces deux dates funèbres marqueront la mesure et
le partage des quelques paroles que je me suis fait
un devoir de consacrer à la mémoire religieuse de
Son Altesse Madame la Princesse Baciocchi. Puisse
cet hommage rendu à la vérité procurer à d'autres
l'édification et la consolation que j'y ai trouvées
moi-même !

Vannes, le 15 Février 1869.

† JEAN-MARIE,

Év. de Vannes.

MORT DE SON ALTESSE

MADAME

LA PRINCESSE BACIOCCHI.

Une triste nouvelle nous arrive à l'instant de Korn-er-Houët. Madame la Princesse Baciocchi est morte ce matin, 3 février, à neuf heures. Cette perte irréparable causera dans notre pays une juste et profonde douleur. Son Altesse y a fait le bien, dans des circonstances délicates, avec une rare abnégation et une fermeté inébranlable. Dieu n'a pas permis qu'Elle accomplît tout ce qu'Elle avait entrepris pour le bonheur d'une population intéressante, qu'Elle aimait et qui avait su apprécier son dévouement. Que sa sainte volonté soit faite !

Les habitants de Colpo vénéreront la mémoire de leur auguste Bienfaitrice. Qu'ils ne pleurent pas comme ceux qui ont perdu toute espérance ! Ils ne cesseront d'être l'objet d'une haute et généreuse sollicitude. Dès aujourd'hui, toute la contrée partagera leur deuil et leur confiance.

Dans un pareil malheur, notre premier devoir, qui est un besoin de notre cœur reconnaissant et le cri de notre âme en peine, consiste à prier et à nous soumettre.

Nous avons lieu de croire que Dieu a fait miséricorde à notre chère défunte. Elle a longtemps et cruellement souffert. Dès la première atteinte du mal, qui devait la ravir à notre respectueuse sympathie et à nos besoins constants, la Princesse nous donna la preuve la plus palpable et la plus touchante de sa foi chrétienne. Que cette scène fut édifiante ! Depuis ce temps-là, Son Altesse a lutté avec énergie et résignation contre bien des douleurs physiques et morales. Les personnes amies et secourables témoins de ses angoisses, n'ont rien négligé pour obtenir sa guérison et adoucir religieusement ses derniers jours. A l'exemple de la pauvre patiente, chacun s'est efforcé de faire son devoir devant Dieu et devant les hommes. C'est la seule consolation vraie qui nous reste dans notre affliction, à la veille de rendre les honneurs funèbres à cette femme d'esprit, de cœur et de caractère, dont le nom sera toujours béni et aimé parmi nous. Son Altesse Madame la Princesse Baciocchi fut providentiellement conduite au sein d'une province trop peu connue, qui prouvera une fois de plus, par sa gratitude et son attachement, qu'elle garde fidélité à tout ce qu'il y a d'illustre, de vrai, d'honnête et de bon.

† JEAN-MARIE,

Év. de Vannes.

FUNÉRAILLES

DE SON ALTESSE

MADAME LA PRINCESSE BACIOCCHI.

Le château de Korn-er-Houët et le nouveau village de Colpo présentaient un aspect imposant. Ce spectacle inaccoutumé laissera une impression salutaire dans l'esprit de ceux qui en furent les témoins attentifs et sympathiques. Quel contraste entre ces magnifiques funérailles et le lieu où elles étaient célébrées avec une pompe inconnue chez nous !

Le cortége funèbre composé d'éléments divers s'harmonisait religieusement. Tous les cœurs battaient à l'unisson, sous les uniformes les plus éclatants comme sous l'habit le moins officiel. Le maintien des grands et des petits ne laissa rien à désirer. Il n'est pas rare, en pareil cas, de remarquer peu de réserve et beaucoup de distractions. Ce jour-là, rien de semblable, malgré la fatigue du voyage et l'inclémence du temps. Chacun comprit et imita l'attitude chrétienne du Prince qui conduisait le deuil avec tant de convenance et de distinction.

Une foule considérable s'était empressée de venir rendre les derniers devoirs à la Bienfaitrice de la contrée.

Son Altesse Monseigneur le Prince Joachim Murat, accompagné de M. le capitaine Clary, Officier d'ordonnance de l'Empereur, était suivi des personnes de la Maison de la Princesse.

Son Exc. M. le Maréchal Vaillant, Ministre de la Maison de l'Empereur, représentant Sa Majesté, avait à ses côtés M. le colonel du génie Ragon, aide de camp de S. A. I. Monseigneur le Prince Napoléon, MM. Chassaigne-Goyon, conseiller d'Etat en mission, des Chapelles, chef de cabinet du Ministre, Baron Dard, employé supérieur, Tisserand, directeur des établissements agricoles de la Couronne, etc...

Venaient ensuite, dans l'ordre hiérarchique, les autorités civiles, militaires, maritimes, judiciaires, administratives du Morbihan et de plusieurs autres départements.

Nous étions assisté d'une centaine d'ecclésiastiques. Nos vicaires généraux, le doyen du Chapitre avec six de ses collègues (1), les Archiprêtres de Vannes, de Ploërmel, de Napoléonville, les Supérieurs de Nos Séminaires et des collèges Saint-François-Xavier et Saint-Stanislas, un grand nombre de chanoines honoraires, de curés-doyens, de desservants, d'aumôniers,

____

(1) MM. Gaudin, Gruel, Montferrant, Morio, Le Mauguen, Régent.

de vicaires, représentaient dignement le clergé diocésain. S'y étaient joints des R. P. Jésuites, des R. P. des SS.-Cœurs de Jésus et de Marie, des Frères de l'Instruction chrétienne, dont le R. F. Cyprien, Supérieur général de cet Institut, etc..,

La messe fut célébrée pontificalement. Le chantre du Chapitre dirigeait le chœur.

Avant de faire l'absoute, Nous prononçâmes le discours suivant.

Qui se humiliat, exaltabitur.
Celui qui s'abaisse, sera élevé.
(Év. selon S. Luc, xiv, 11.)

Monseigneur (1), Monsieur le Ministre (2),
    Messieurs,

Je viens de proclamer une vérité d'expérience. Ma raison la conçoit ; ma foi me la commande. Mais, hélas ! le monde est plein de gens qui, de parti-pris ou par irréflexion, refusent de souscrire, du moins dans la pratique, à ce que nous enseignent la foi, la raison et l'expérience même. Ou l'orgueil les aveugle, ou la cupidité les pousse, ou d'autres entraînements les sollicitent. Il faut les prendre en pitié, se gardant de les condamner. A Dieu seul il appartient de prononcer en dernier ressort dans sa justice, de condamner dans sa colère.

---

(1) S. A. Mgr le Prince J. Murat.
L. (2) S. Exc. M. le Maréchal Vaillant.

Cependant les hommes s'agitent, s'inquiètent, se tourmentent, essayant de se surfaire, en se surmenant. Vains efforts ! Tôt ou tard, ils tombent. Leur chute est d'autant plus lourde et plus profonde, qu'ils avaient visé plus haut. Le flot de toutes leurs convoitises s'est brisé contre je ne sais quel grain de sable... Le doigt de Dieu avait fixé cette limite. Juste châtiment d'aspirations insensées !

De nombreuses et consolantes exceptions à cette règle trop générale ont été signalées en tous temps et en tous lieux. Les annales du christianisme sont remplies d'exemples de cette sorte, salutaires à ceux qui les donnent aussi bien qu'à ceux qui les reçoivent.

La Providence nous réservait d'être les heureux témoins d'une de ces existences exceptionnelles et surprenantes.

Je n'ai point entrepris, Messieurs, de faire ici l'éloge funèbre de très-noble, très-puissante et très-bonne Princesse Napoléone-Élisa Baciocchi. D'autres auront qualité pour parler de sa vie entière, féconde en incidents remarquables. Personne n'affirmera plus sincèrement la respectueuse sympathie que méritait cette femme d'esprit, de cœur, de caractère, qui n'avait rien de vulgaire, et dont les contrastes, trop accusés parfois, donnaient facilement le change. Personne ne rendra à sa mémoire un culte plus religieux.

C'est avec confiance, Messieurs, que je remplis ce

ministère délicat , devant un auditoire d'élite et d'autant plus bienveillant qu'il est plus distingué. D'autre part , nous serons tous édifiés d'apercevoir dans son vrai jour l'image de l'auguste Bienfaitrice de cette contrée. Puissions-nous emporter de la triste cérémonie qui nous rassemble , la résolution de conformer désormais nos discours et nos actes à cet oracle de l'Esprit-Saint, contrôlé par la raison, enregistré par la sagesse humaine : Celui qui s'abaisse, sera élevé ; *qui se humiliat , exaltabitur !*

I.

Messieurs , depuis une douzaine d'années , la Princesse Baciocchi appartenait à la Bretagne. Son Altesse s'y était attachée , sans perdre de vue ceux qu'elle aimait d'un amour de prédilection. Par une sorte d'attrait providentiel, cette âme énergique, qui, sans chercher les difficultés , ne redoutait pas la lutte , vint placer des intérêts considérables à tous égards au sein d'un pays accidenté, aride , inculte et à peu près désert. Vous avez pu en juger, Messieurs, en venant ici. La campagne que vous avez parcourue, de Vannes à Korn-er-Houët, ne vous a pas séduits , malgré les changements, les améliorations, la transformation qu'elle a subis sous l'impulsion intelligente et persévérante de la Princesse.

Je n'ai point à rechercher les causes de la résolution magnanime qui a produit tant de bons résultats. Il est constant que tout le monde y a gagné, sans excepter Celle qui devait être aujourd'hui l'objet d'une marche triomphale plutôt que funèbre.

En la conduisant dans la solitude, Dieu se proposait de lui parler au cœur et de mettre sur des plaies vives, qui ne devaient pas se fermer, un baume calmant. Elle avait si cruellement souffert dans ses plus légitimes affections ! Il me semble qu'Elle devait aspirer au recueillement, sans éprouver le besoin de tromper son chagrin. Ce qu'il lui fallait, après des liens intimes et naturels que la mort seule pouvait briser, c'était une amitié discrète, dévouée, intelligente. Dieu lui fit cette grâce.

La compagne la plus assidue de sa retraite devait la précéder de quelques mois dans la tombe. Son Altesse en éprouva une peine extrême, qu'Elle concentra peut-être trop longtemps.

Une autre sainte femme, à qui il était réservé de lui fermer les yeux, mit au service de la pauvre patiente, la même délicatesse, le même dévouement, et non moins d'esprit et de cœur.

Si j'avais à raconter la dernière maladie de la Princesse, je n'oublierais ni la Sœur de charité qui fit auprès de Son Altesse le bon office d'Ange gardien, ni ceux qui lui prodiguèrent contre toute espérance le secours de l'art, ni toutes les personnes qui l'entourèrent avec empressement, à des titres différents. Nul ne faillit à sa mission.

Mais je veux parler de l'heureuse influence de la Princesse, avant et pendant sa maladie, depuis son arrivée à Korn-er-Houët.

Se doutait-elle tout d'abord elle-même des vues de la Providence ? Je l'ignore. Ce que je sais, c'est que Dieu choisit, où et quand il lui plaît, ses instruments pour le bien. Uu jour, il les prend sur les marches d'un trône : le lendemain, il les fait sortir de la plus modeste chaumière. C'est ainsi qu'il confond les sages de ce monde et déjoue leurs combinaisons les mieux calculées.

Quiconque eût annoncé, il y a vingt ans, qu'un coin des landes de Lanvaux deviendrait bientôt la résidence d'une Princesse qui avait joui des splendeurs du premier et du second Empires français, eût passé pour un rêveur. C'est que, en effet, rien n'y était de nature à rendre vraisemblable ce qui devait se réaliser si promptement.

A Dieu ne plaise que je fasse trop bon marché de notre fierté nationale et de la dignité qui se cache sous une simplicité excessive à certains égards ! Mais j'ai assez conscience de notre infériorité relative, du peu de ressources que notre pays offre par comparaison, de l'attrait accessoire qu'y trouve le commun des étrangers, pour avouer que je ne m'expliquerais pas plus que tout autre la détermination de la Princesse, si je n'avais étudié le caractère de cette femme extraordinaire, et surtout si j'oubliais de me placer, pour la considérer, au point de vue providentiel.

La Princesse Baciocchi comprenait les besoins de notre époque. Elle entrevit avec la pénétration dont Dieu l'avait douée, qu'il lui serait possible de mettre en action des théories plus ou moins pratiques, et de résoudre des problèmes ardus qui embarrassent les économistes les mieux autorisés et les hommes d'Etat les moins suspects d'utopies.

II.

Voici les questions qui furent posées successivement, comme confirmation de Notre conviction sur la mission bienfaisante de la Princesse Baciocchi dans nos contrées.

L'émigration des campagnes et l'abandon de l'agriculture ;

L'instruction primaire ;

L'institution d'asiles pour les invalides du travail rural ;

Les principes du christianisme affirmés et mis en honneur par la construction ou la restauration des édifices du culte ;

Avant tout, l'exemple de la pratique religieuse, venant de haut et faisant voir en bas qu'il est nécessaire de penser et d'agir ainsi pour ne compromettre ni les intérêts de la vie présente, ni ceux de la vie future.

Je m'efforçai de prouver, de la manière la plus saisissante et la moins contestable, que la Princesse Baciocchi avait eu souci de toutes ces grandes choses. En s'abaissant à mille détails et à mille complaisances, Son Altesse devait s'élever, devant Dieu et devant les hommes, à des hauteurs d'où, il faut l'espérer, Elle entrevoyait une approbation et une récompense auprès desquelles nos suffrages et nos remerciements ne sont pas à compter.

Enfin, je peignis à grands traits le religieux spectacle qui fut donné à Korn-er-Houët, il y a deux ans, au début de la maladie à laquelle la Princesse vient de succomber. Ce jour-là, Son Altesse agit et parla avec une éloquence pleine de foi et d'espérance chrétiennes (1).

III.

Monseigneur, daignerez-vous accepter un message auquel j'attache une grande importance? Qu'il plaise à Votre Altesse de porter à l'Empereur l'expression de notre juste et sincère condoléance. Je parle tout

---

(1) Il Nous est impossible de donner le texte de cette partie de Notre discours. Ayant parlé d'après des notes incomplètes, la mémoire Nous fait défaut.

† J.-M. *Év. de Vannes.*

particulièrement au nom du clergé et des fidèles de ce diocèse, parfaitement représentés aux funérailles de notre chère défunte, et qui réjouissent une fois de plus le cœur de leur Évêque. Un mot a suffi. Ils sont arrivés, nombreux et recueillis, ne calculant ni les distances, ni l'inclémence de la saison. Qu'ils en soient bénis !

Monseigneur, veuillez dire à Sa Majesté combien nous sommes touchés de la confiance dont Elle nous honore, en nous laissant la dépouille mortelle de son auguste Cousine. Ce précieux trésor fera notre consolation et notre espérance. Nous le garderons avec un profond respect. Les habitants de Colpo l'entoureront d'une piété vraiment filiale. Ce que des cœurs chrétiens et bretons gardent, est bien gardé. Je promets à l'Empereur de veiller toujours avec une sollicitude pastorale sur ce dépôt. Nous conserverons d'autant plus fermement l'espoir de revoir chez nous d'augustes pélerins dont le souvenir est fidèlement gardé dans un petit coin de terre fertile en miracles. La visite du Prince Impérial nous rendrait pareillement heureux et fiers. Si notre hospitalité n'avait rien d'aussi éclatant qu'ailleurs, Son Altesse Impériale reconnaîtrait peut-être que notre simplicité est à la fois digne et sincère. Nos cœurs restent pieux, bons et fidèles. Ils savent, ce que tant d'autres ont oublié, que l'honneur et l'intérêt nous font un devoir sacré *de rendre à Dieu*

*ce qui est à Dieu, et à César ce qui appartient à
César.*

Anges gardiens de ce cercueil, portez jusqu'au
trône de Dieu, notre peine, nos besoins, nos
prières. Obtenez le repos éternel pour Celle que nous
pleurons. Puisse le sacrifice de cette vie si utile à
mon pays, être agréable et suffisant! Que la Famille
Impériale, souvent et cruellement éprouvée déjà,
n'ait pas de longtemps à porter un nouveau deuil!

Princesse, votre fin prématurée fait couler nos
larmes. Elles sont amères! Cependant nous ne
pleurons pas comme ceux qui ont perdu toute
espérance. Votre mémoire sera vénérée dans ce pays,
digne de l'intérêt qu'il vous avait inspiré. Vous y
avez passé, trop rapidement, hélas! en faisant le
bien. Un de vos vœux les plus ardents sera du moins
rempli. Votre corps, en attendant la résurrection,
reposera au milieu de ce peuple que vous aimiez et
qui vous aimait, dont vous aviez compris les né-
cessités et qui, depuis l'heure de votre mort, vous
paye de la façon la plus touchante et la plus efficace
un juste tribut d'hommages et de regrets. C'est ainsi
qu'il s'acquittera chaque jour de la dette qu'il a
contractée envers vous. Les pères et les mères diront
à leurs enfants : « Allons prier au tombeau de notre
» Bienfaitrice. C'est la bonne Princesse de Korn-er-
» Houët qui a bâti notre belle église. Elle méritait

» d'y avoir une place d'honneur, pendant sa vie et
» après sa mort. Elle, qui était si grande et si riche
» par sa naissance, ne repoussait pas les petits et les
» pauvres de Colpo et du voisinage. Il en vint par
» centaines à son enterrement. Ah! c'est qu'Elle s'était
» faite notre sœur, notre mère, notre Providence.
» Enfants, priez pour Elle. Demandez aux anges du
» Bon Dieu de porter son âme en Paradis. Car ici nous
» n'avons pu conserver que son corps. Enfants, priez
» pour le jeune Prince que nous n'avons pas vu encore
» dans nos villages. Il viendra peut-être un jour à
» Korn-er-Houët. Si, en ce temps-là, nous n'étions
» plus de ce monde, vous sauriez lui montrer que la
» Princesse n'avait pas tort de nous aimer et de nous
» secourir. Le Prince a une Mère qui est aussi très
» bonne pour les malheureux. Enfants, priez pour
» Elle. Toutes les fois que vous entrerez dans l'église
» de Colpo, enfants, priez pour l'Empereur, qui n'a
» pas voulu que le corps de la Princesse fût porté
» loin d'ici. »

Messieurs, on dirait une légende. C'est l'histoire
très imparfaite de ce qui vient de se passer à Korn-
er-Houët, en ces jours de deuil et d'affliction
générale. Les habitants de Colpo ne seront point
ingrats. J'en suis persuadé, leur conduite suffirait à
prouver que *celui qui s'humilie, sera élevé*, dès la vie
présente et dans la vie future. Ainsi soit-il !

Le moment solennel de la séparation approchait. De pareils adieux, toujours pleins de mystères, impressionneraient vivement les natures les moins sensibles. Les dernières prières furent récitées et chantées tour-à-tour. Alors il se fit un profond silence, plus éloquent que tous les discours. Chacun se retira, triste et pensif, écoutant au fond de son âme émue comme un écho plaintif et rassurant de cette grave parole qui venait de retentir autour d'un cercueil : « Que cette âme bienfaisante, qui a gardé » la foi, repose en paix ! *Requiescat in pace !* »

La cérémonie religieuse était finie. L'inhumation se fera ultérieurement, dans un tombeau qui prendra la place que Son Altesse s'était réservée pour assister à l'office divin. En attendant cette translation, les habitants de Colpo continueront leurs pieuses visites à la Chapelle ardente où, chaque jour, ils viennent verser leurs larmes avec leurs prières. Que ces hommages posthumes et désintéressés sont touchants ! Ils rendent le meilleur témoignage de l'Auguste Défunte qui en est l'objet, et des cœurs reconnaissants qui amassent ainsi un trésor de consolations et d'espérances.

† JEAN-MARIE,

Év. de Vannes.

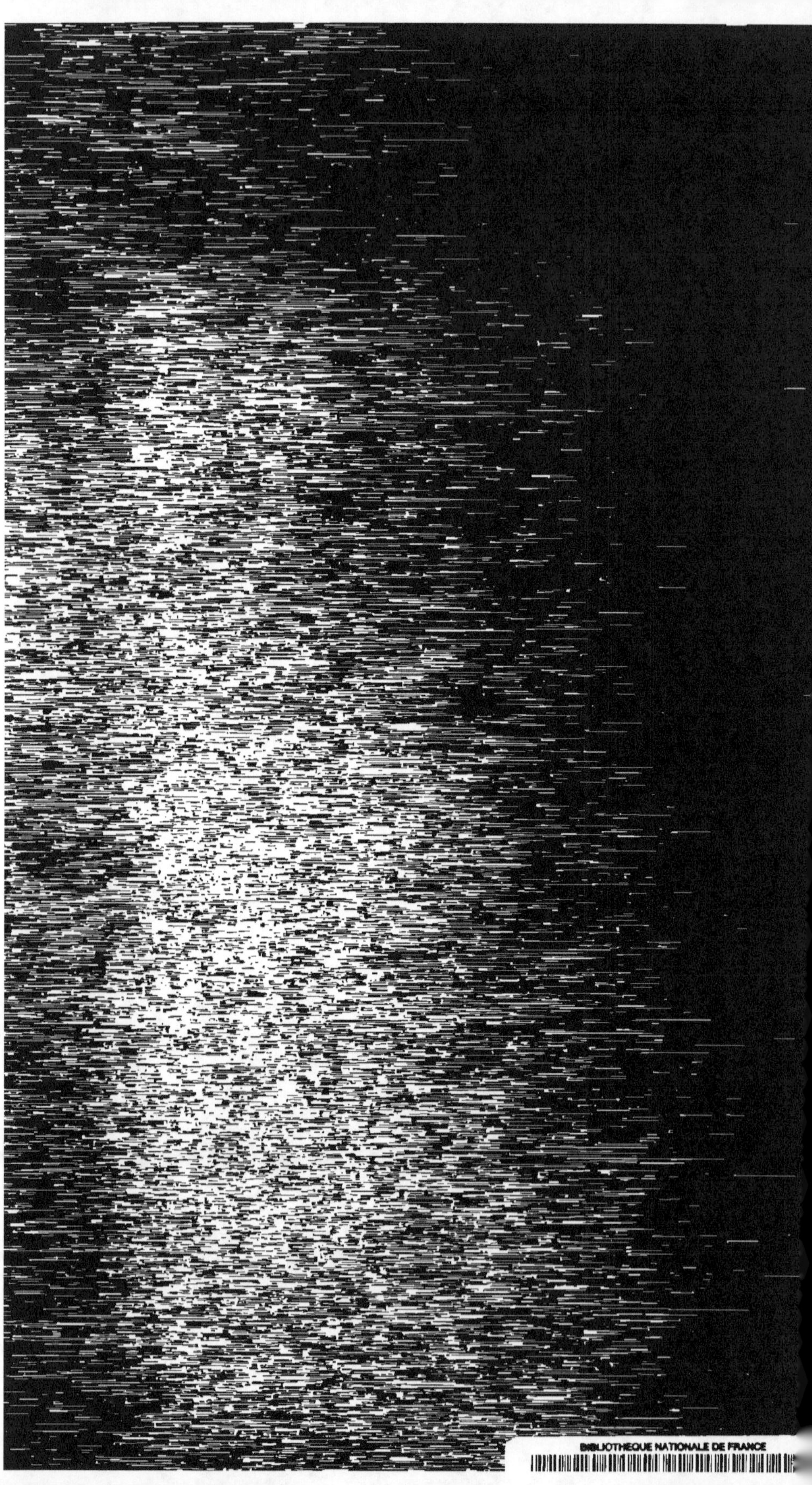

www.ingramcontent.com/pod-product-compliance
Lightning Source LLC
Chambersburg PA
CBHW050804070726
47595CB00015B/2803